Lars Büscher

Eine lange Weile

AF288465

Eine lange Weile

Ende einer Trilogie

Lars Büscher

Impressum

Bibliografische Information der Deutschen Nationalbibliothek:
Die Deutsche Nationalbibliothek verzeichnet diese Publikation in der
Deutschen Nationalbibliografie; detaillierte bibliografische Daten sind
im Internet über http://dnb.dnb.de abrufbar.

© 2024 Lars Büscher

Herstellung und Verlag: BoD – Books on Demand, Norderstedt

ISBN: 9783759748928

ÜBERSICHT

I **Über Mich**

II Über das Leben

III Über die Einsamkeit

Am Anfang

Am Anfang
steht ein Wort.
Doch es bleibt
nie lange alleine.

Meine Gedichte

Meine Gedichte wollen
nur mit Dir spielen
und Dich
zum Abschied umarmen.

Was auch immer es ist

Was auch immer es ist,
es darf mich traurig machen,
aber es darf mich nicht umbringen.

Mein Wille

Du kannst
meinen Willen
nicht brechen.

Er ist tausendmal
gegen die Wand geprallt,
und immer noch heil.

Der verlorene Sohn

Der verlorene Sohn
kehrt zurück
in die Stadt,
die sie Hoffnung nannten.

Eine lange Weile

Ich warte eine
lange Weile
auf eine kurze Weile.

So wie der Winter
auf den Frühling wartet.

Kaninchen

Die Welt hat mich vergessen.
Wahrscheinlich liegt es daran,
dass ich in einem Kaninchenbau
hocke
und kein Kaninchen bin.

Heulen

Draußen vor der Tür
heult der Wind.
In der Ferne ein Wolf.

Ich gehe mal raus,
und frage,
ob sie es mir auch beibringen können.

Die Hälfte meiner Tage

Die Hälfte meiner Tage
verbringe ich mit Schlafen.

Die andere Hälfte
mit Kämpfen und Hoffen.

Zukunft

Deine Tränen
rinnen in meine Kehle.

Bald werden wir
ertrinken oder vertrocknen.

Es bleibt uns nur noch eins:
Wir müssen zur Sonne wachsen
und unsere Köpfe so drehen,
dass die Zukunft uns nicht
verfehlen kann.

Feinde

Wie tödlich
das Wort klingt,
wenn sich die Silben
gegenüberstehen.

Segeln

Ich segle himmelwärts
und halte Ausschau
nach dem weißen Wal,
einer weißen Flagge,
weißen Tauben
und dem nächsten weißen Blatt Papier.

Wenn Nina singt

Wenn Nina singt,
dann hängen seltsame Früchte
in den Bäumen.

Wenn Nina singt,
dann ist der Zeitgeist
so nah und so fern.

Wenn Nina singt,
dann ist alles leicht
und alles schwer.

Wenn Nina singt,
dann singt auch mein Herz
und will zu ihr.

Arizona

Wüstenvögel schnarren im Chor
mit den Rädern in der Nacht.
Leise verstummt
das „Guerilla Radio".
Dean Moriarty schläft
auf dem Rücksitz
und träumt vom Ende der Straße.
Ich sitze auf dem Beifahrersitz
und das Auto fährt hier
längst besinnungslos.
Den Beat einer Generation
in den Knochen
falle ich in mein Vergessen.

Niemandsland

Über 100 Jahre alte Gräber
wächst wieder blauer Eisenhut.
Aus den Büchern fallen Leichen.
Kehlen ragen aus Kanonenrohren
und krächzen:
„NIE WIEDER"

II Über das Leben

Lauf der Dinge

Socken verschwinden
in Waschmaschinen.
Wir kaufen uns neue.
Und die Zeit macht sie wieder schmutzig.

Das ist der Lauf der Dinge.

Alles fließt

Alles fließt,
mein Kaffee beweist es.

Mauern

Mauern wollen
eingerissen werden,
das haben mir
die Steine verraten.

Im Museum

Neulich im Museum
haben die Bilder
mich angesehen.

Von Hunden Und Katzen

Wenn Hunde und Katzen
sich begegnen,
dann bellen und fauchen sie,
bringen sich aber
nicht gegenseitig um.

Ein schöner Tag

Heute wird ein schöner Tag.
Die Katzen schnurren es
von den Bäumen.
Gleich springen sie
in den Himmel,
und spielen mit der Sonne,
als sei sie ein Ball aus Wolle.
Dann fallen sie hinab
in meine Arme
und legen mir das Glück
zu Füßen.

Erkläre mir Freiheit

Erzähle mir
von dem ersten Wort,
was Du geschrieben hast.

Erzähle mir
von Welten,
die uns erschaffen.

Erzähle mir
von Katzen,
die im Gras dösen.

Erzähle mir
von Bäumen,
die Menschen umarmen.

Erzähle mir
vom Barfußlaufen
an Sommernachmittagen.

Erzähle mir
von Dir.

Von deiner Freiheit.

Erkläre sie mir so,
dass ich mit ihr
gehen will
heute.

Geschichten aus der guten alten Zeit

Als ich einmal mit dem Fuß
gegen einen Stein stieß,
da begann er zu Rollen.
Ich drehte ihn um.
Vier Käfer befanden sich darunter.
Als ich sie fragte,
wer sie seien,
antworteten sie:
„VERGESSENE KÖNIGE".

Ostern

Wenn die Auferstehung
und das Leben
den Winter
zum Abschied
umarmen
und ihn ins Exil schicken
Und wenn die Bäume
mit den ersten
Menschen tanzen,
dann ist Ostern.

Haiku

Sonnenuntergang.
In der Ferne des Tages
schläft eine Katze.

Irland

Grün ist mein Herz,
wenn ich Dich betrete
in meinen Träumen.
In windumtosten Nächten
erzählst Du mir deine Geschichten
und singst mir deine Lieder.
All das, was einst strandete
an den Küsten meiner Seele.

Der Wind dreht sich

Der Wind dreht sich nur um deinetwillen.
Er folgt Dir,
weil Du Dich
in alle Richtungen bewegst.

Viel lieber
würde er sich
eine Weile ausruhen
-bei mir.

Graue Menschen

Graue Menschen machen mich grau.
Sie mögen es nicht,
wenn man sie anmalen will.
Und wenn ich mir bunte Gewänder anlege,
dann rennen sie davon.

Rote Tücher

Wir bewegen uns in verschiedene
Richtungen.

Wenn wir doch zusammenstoßen müssen,
dann habe ich Angst vor deinem Egoismus,
und Du hast Angst vor meiner Menschlichkeit.

Lasst uns einfach weiterdrehen.
Du um Dich selbst,
und ich mich um die Welt.

Schweigen

Gib mir nur ein Zeichen,
dann breche ich es
und gebe Dir die schönere Hälfte.

Wir sind eins

Weil Du da bist,
bin ich hier.
Weil Du da bist,
bin ich bei Dir.
Weil wir beide
das Wort „WIR"
in unseren Gedanken schreiben
sind wir EINS.

Abschied

Erst ist es nur ein Datum,
geschrieben mit roter Schrift
auf ein trauriges Kalenderblatt.
Traurig, weil es von vielen anderen Blättern
verdeckt wird und es niemand sieht.
Eines Tages liegt dieses Kalenderblatt
sorgfältig gefaltet auf einen Schreibtisch.
Heute endlich wurden seine Zahlen
aufgerufen.
Und morgen wirst Du es an eine weiße Wand
hängen,
damit Du dich immer erinnern kannst,
an einen Tag, gefüllt mit etwas,
mit dem Du nicht gerechnet hast.

Ⅲ Über die Einsamkeit

Der letzte Tag

Wenn ich heute das letzte Mal über diese
Erde wandeln würde,
was bliebe von mir...
Könnte ich mit einem Lächeln gehen?
Würde die Einsamkeit mich begleiten?
Wäre dann alles ganz leicht?
Sind meine Verse nicht viel zu belanglos
für solch ein letztes Gedicht?
Waren alle meine Tage nicht nur Versuche
gewesen?
Was ist der Sinn?
Was bleibt?
Verschwindet diese Frage irgendwann?
Sie wird bleiben,
solange es nicht wirklich mein letzter Tag ist.

Es ist überall

Es ist überall,
dieses Gefühl der Ohnmacht.
Diese Kälte in meinem Herzen.
Die Schwere in all meinen Bewegungen.
Es ist überall,
diese Leere.
Es ist in meinem Kopf,
dieses Bild von blutenden Schnee.
Worte, die mich jagen obwohl längst
verklungen.
Es ist in der Luft,
die ich atme.
Es ist in meinen Wünschen, meinem Scheitern,
meinem Hoffen und in meiner Angst.
Es ist überall.
In meinem Knochen.
In meinem Blut.
Einfach überall...

Ich bin der

Ich bin der,
der ich nicht bin.
Ich bin der,
mit dem berühmten blauen Regenmantel.
Ich bin der,
der einst brannte und stets das Feuer mied.
Ich bin der,
auf den niemand mehr wettet.
Ich bin der,
der einst einen Spiegel besaß.
Du hast ihn mitgenommen
auf die andere Seite der Einsamkeit.
Ich bin der,
dessen Namen in keiner Sprache
etwas bedeutet.
Ich bin der,
zu viel lebte
und zu wenig lebt.
Ich bin der,
der die Liebe erfand
und die Geduld.
Ich bin der,
der sie nicht sieht
an nebligen Tagen.
Ich bin der,
der schreit und schweigt.
Ich bin der,
der ich auch bin.

Die Glocken

Schon lange höre ich die Glocken
nicht mehr.
Will der Wind nicht mehr wehen
oder haben sie schon alle
Glockentürme niedergebrannt?
Oder bin ich gar schon taub geworden?

Propheten

Propheten,
die das Ende der Welt verkündigen
glaubt man mehr
als Menschen,
die sagen,
dass morgen die Sonne aufgeht.

Schwarz

Ich trage Schwarz,
weil ich ein
ernsthafter Dichter
und trauriger Mensch bin.
Oder war es andersherum?

Bäume ausreißen

Ich könnte Bäume ausreißen,
würden sie nur
neben meinem Bett wachsen.

Alles wird gut, oder?

Es wird nicht alles gut werden,
aber Du wirst damit
leben können, oder?

Gesichtermeere

Ich schwimme
in einem Gesichtermeer,
und finde Dich nicht mehr wieder.

Deutschland am Tag

Deutschland am Tag
sieht aus wie
Deutschland in der Nacht.

Und Deutschland in der Nacht
ist schon fast blind geworden.

Friedhofsgedicht

Nasse Erde
klebt an abgelaufenen Schuhen.
Aus der Friedhofskapelle
huscht ein schwaches Licht
durch die gläserne Stille.
Meine Augen
folgen einer Krähe,
die stumm über eine Marmorwüste kreist.

Leuchtfeuer

Die Leuchtfeuer brennen.
Eine Stadt stirbt.
Ein Mensch geht.
Ein Wort
wird ausgesandt in die Welt.
Heute heißt es
noch nicht
UNTERGANG.

Weihnachtsgedicht

Wenn sie morgen
Weihnachten abschaffen würden,
würde ich in den Wald gehen,
eine Kerze anzünden
und mir von Elstern
Weihnachtskugeln
aus den Händen stehlen lassen.

Der Geist von Weihnachten

Wenn Du den Geist von Weihnachten siehst,
dann schicke Ihn zu mir.
Ich habe den Tisch gedeckt
und Kaffee für ihn gekocht.

Schwere See

Die schwere See
wird alles leichter machen,
wenn ich ihr nur noch eine Weile
vom rettenden Ufer zusehen kann.

Der Weg

Trost kannst Du
überall finden.
Suche ihn in mir.
Ich zeige Dir den Weg.

Mitten in der Nacht

Müde von Zahlungsaufforderungen,
Wetterberichten
und Weltuntergangsszenarien
sitzt mitten in der Nacht
ein Mensch auf einem Stuhl
und fragt sich,
ob gerade jemand an ihn denkt.

Der Autor

Lars Büscher wurde 1976 geboren. Er wohnt zurzeit in Münster und arbeitet für ein soziales Kulturprojekt in Münster.

Die Texte sind in einem Zeitraum von mehr als 20 Jahren entstanden.

Letzte Seite

Dank an:

Elias
Mareike
Rainer
Lisa
Eva
Ursula
Natsumi
Silke
Andi
Gregor
Lea
Karsten

Und an alle, die sich angesprochen fühlen....

Niemand soll sich vergessen fühlen.

Inspirationen- Künstler:innen, die im Buch auftauchen

Nina Simone, Jack Kerrouac, Allen Ginsberg, Erich Kästner, Heraklit, Katzen, The Rolling Stones, The Beatles, The Kinks, Künstler:innen, die sich für den Frieden einsetzen, Leonard Cohen, Gustav Mahler, Heinrich Heine, Ingeborg Bachmann, PJ Harvey, Johnny Cash, Rage Against the Machine und Charles Dickens.

Liste ist unvollständig